Lanturelu

PIÈCES INÉDITES

CONTENANT LA RELATION D'UNE SÉDITION

ARRIVÉE A DIJON

Le 28 février 1630

A DIJON

CHEZ DARANTIERE, IMPRIMEUR

Rue Chabot-Charny, 65

1884

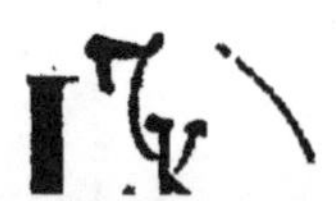

RELATION

D'UNE SÉDITION A DIJON

en 1630.

JUSTIFICATION DES TIRAGES :

Imprimé à 100 exemplaires sur papier de Hollande.
— 6 — — Japon.
— 6 — — de Chine.
— 6 — — Whatman.
— 6 — — Rewage parcheminé.
— 2 — parchemin.

Lanturelu

PIÈCES INÉDITES

CONTENANT LA RELATION D'UNE SÉDITION ARRIVÉE A DIJON

Le 28 février 1630

A DIJON

CHEZ DARANTIERE, IMPRIMEUR

Rue Chabot-Charny, 65

1884

LES *pièces inédites que nous faisons parai-tre nous viennent d'un bibliophile Dijon-nais, M. Louis Mallard, qui s'est prêté de bonne grâce au désir que nous avons manifesté de les publier.*

La sédition arrivée le 28 février 1630, et dont on va lire la description, eut pour cause la suppression des États généraux du pays, qui seuls avaient droit de fixer la quotité, la répartition et la perception des impôts, pour les remplacer par dix élections, char-ges remplies par des officiers royaux qui détermi-naient et percevaient le contingent d'impôt arrêté en conseil d'État. Cette mesure souleva une émeute connue sous le nom de Lanturelu, à cause du refrain d'une chanson que répétaient les émeutiers. Sept maisons furent pillées et brûlées et une vingtaine d'hommes furent tués.

Le châtiment ne se fit pas attendre : Louis XIII, qui était alors à Troyes, vint en toute hâte à Dijon et « donna ordre à M. de Bellegarde, gouverneur, « que l'on ne sonnast aucune cloche à son arrivée, que « les portes de la ville fussent gardées par les com- « pagnies des gardes de Sa Majesté, et que tous les « vignerons demeurans en ladite ville eussent à sortir « d'icelle et ne s'y trouvassent lors de son arrivée, « comme plus particuliérement indignes de sa veuë, « à cause de leur crime. »

Sur l'éloquente plaidoirie de l'avocat Charles Fevret, le Roi pardonna au Clergé, à Messieurs du Parlement et aux principaux notables qui furent reçus à genoux au Logis du Roi.

La ville fut condamnée à payer les dommages causés aux habitants dont les maisons avaient été brûlées, et les vignerons à n'habiter que les faubourgs et les paroisses circonvoisines.

LETTRE DE M. FLEUTELOT

SIEUR DE BENEUVRE, MAITRE DES COMPTES A DIJON, CONTENANT LA RELATION D'UNE SEDITION ARRIVÉE A DIJON EN 1630 ET CONNUE SOUS LE NOM DE Lanturelu.

MONSIEUR,

JE ne pus, par le dernier ordinaire, vous donner avis de ce qui s'estoit passé à Dijon jeudi dernier, et comme j'ecrivois à M. le President Le Grand generalement de l'emotion, croyant qu'il n'y avoit autre mal, un quart d'heure apres ma lettre envoyée le malheur arriva et fus contraint de me tenir serré, et pour vous donner l'avis entier de ce qui s'est passé au vray, je vous deduiray des le commencement et par forme de memoire pour en pouvoir parler au vray.

Il y avoit quelques jours que l'on menacoit de voir arriver de la sedition a Dijon et par toute la Province au sujet de l'Édit des Elections, et particulierement à Dijon le jeudi, veille du jour que l'on avoit remis a y toucher a Beaune, tellement que des la veille, le mercredi a sept heures du soir, ma bellemere m'estant venu dire adieu, d'autant que je faisois etat d'aller passer a Beneuvre le reste de la careme, estant a causer devant le feu, l'un de mes valets que j'avois envoyé ches mon beaufrere me rapporta qu'il y avoit beaucoup de personnes assemblées devant le logis de M. le Tresorier Gaigne, lesquelles jettoient des pierres contre la porte, dont je ne pris aucun mauvais augure, d'autant que cela estoit deja arrivé deux ou trois fois quelques jours auparavant. Neantmoins comme c'estoit proche de ches nous, je renvoyai mes gens pour scavoir au vray ce que c'estoit, dont l'un me rapporta que l'on disoit que ces gens la s'en venoient a mon logis et pouvoient être trente ou quarante avec sept ou huit hallebardes et le reste des pieux de bois en leurs mains sans armes à feu. Incontinent apres l'autre retourna qui me dit que j'eusse a me sauver, qu'ils menacoient de tuer et bruler et qu'ils venoient ches nous ; tellement que je n'eus que hate de me retirer avec ma femme et l'un de mes enfans, mon epée en mon poing, et me sauver au logis de M. le Compasseur mon beaupere. L'on me vint dire qu'ils n'avoient ete ches nous et qu'ils alloient ches M. le President Le Grand, ce qu'ils ne firent pas et passerent seulement devant la porte et alloient s'amasser derriere St Michel et envoyerent aux rues ou se tiennent les vignerons pour les amasser, et vinrent avec un tambourg sur les neuf heures et alloient par la Ville pour exciter le peuple. Neantmoins cela n'eut aucun effect sinon qu'estans amassés sur le minuit ils allerent sur la muraille tant pour avertir ceux des fauxbourgs que pour se resoudre ensemble au lendemain, et se passa le reste de la nuit sans bruit apres avoir ete au logis de M. le Maire demander les clefs de la Ville, lequel ne les voulut donner, dont ils le menacerent de le bruler.

Le lendemain matin arrivé, a sept heures ils forcerent la porte de l'eglise St Michel et sonnerent le tocsin pres d'une heure, et voyant qu'ils n'amassoient pas beaucoup de monde, ils ne laisserent pas d'aller quarante ou cinquante au plus sans armes qu'environ une douzaine d'hallebardes et le reste de grands batons en bois en leurs mains au logis dudit sieur Gaigne, dont ils forcérent la porte de devant; allés au corps de logis de derriere ils prirent les deux chevaux et le cocher qu'ils mirent dehors sans mal, rompirent le carosse ; brulérent tant eux que leurs femmes le corps de logis d'autant qu'il estoit seul et detaché d'autres logis. Puis vinrent au logis de devant ou ils trouverent la vieille mere seule laquelle estoit malade, et se mit a genoux, leur demandant la vie, et la lui donnerent et la mirent dehors, et puis apres prirent les meubles et les portérent dans le feu du logis de derriere, firent un feu au milieu de la rue ou ils brulérent les tapisseries, lits, vaisselle, linges, besognes d'or et d'argent, et tout ce qui estoit au logis fors le grain et le sel qu'ils emportérent en leur logis, et du vin qu'ils buvoient dans la cave. Plus de mille personnes les regardoient comme si c'eut ete quelque commission emanée du Roy et sans leur rien dire.

J'y avois envoyé mes valets habillés comme

eux pour scavoir ou ils iroient apres cela, estant toujours dans la crainte. Cela fait, ils se partagérent, environ douze ou quinze allérent au logis de M. Martin, en notre rue, ou ils en firent autant, et le reste alla ches le M. le President Le Grand ou ils trouvérent quantité de biens et firent un grand degat, d'autant qu'il n'avoit rien retiré. Ils prirent tous les meubles, vaisselle d'argent, perles, besognes et argent et mirent tout dans le feu fors l'argent que l'on ne scait ce qu'ils en firent, et m'a ton dit qu'il y avoit dix mille livres d'argent monnoyé lorsqu'ils y entrérent. Madame n'estoit à la Ville et n'y avoient que les enfans qu'ils mirent dehors sans leur faire mal. Pendant qu'ils y estoient le Parlement s'assembla et pour faire les bons valets ils envoyerent environ les dix heures six Conseillers et quatre huissiers leur faire commandement de se retirer, ce qui n'opera rien, car on les fit retirer, et le Maire qui y estoit, apres que ces voleurs eurent fait au logis de M. Le Grand, je les croyais allés ches moi suivant que chacun me l'envoyoit dire, et neantmoins ils allerent ches M. le greffier Joly, passerent devant le palais environ trente à la fois, allerent entrer dans le

logis dudit sieur Joly ou ils brulérent tout et dé-
couvrirent une partie des toits, et le feu sortoit
par toutes les fenestres. Il y avoit plus de trois
mille personnes qui regardoient et rioient. Aucuns leur disoient qu'ils faisoient bien. Dela
allerent au logis de M. Villemeureux ou ils ne
trouverent que de la graine. En ayant tout
detrappé sur la nouvelle qu'ils eurent que l'on
devoit aller ches eux, dela ils passerent a la
place St Jean et s'arresterent devant le logis de
M. de la Berchere, Conseiller au Grand Conseil,
et disoient y vouloir entrer, mais par bonheur
M. le Tresorier Soirot mon beaufrere et ma
sœur et M. l'avocat Bossuet les en detournérent,
et prirent la resolution d'aller ches M. Richard,
Eleu du pays, lequel ils trouvérent sur sa porte
avec ses sept enfans qui se mit a genoux devant
eux, leur demandant la vie, qu'il n'estoit de ce
dont on le mecroyoit, tant s'en faut, que les Elections le ruinoient et lui faisoient perdre sa charge,
que s'il se trouvoit etre coupable qu'on l'egor-
geat. L'un d'eux en son patois dit que puisqu'il
s'estoit tenu en sa maison, il falloit bien qu'il fut
innocent et qu'autrement il ne l'eut hasardé, et
s'en allérent au logis de M. de la Berchere,

Premier President, ou ils brulerent ce qu'ils trouverent et la il se presenta quelqu'uns qui en tuérent deux ou trois, puis apres ils allerent chez M. le President de Loisy ou ils brulérent de mesme.

Et comme les Conseillers du Parlement virent qu'a la fin l'affaire pourroit tourner contre eux, et que la nuit estant eschauffés ils se pourroient jetter dans les maisons ausquelles ils croiroient faire butin, mesme qu'aucuns d'entre eux furent avertis qu'on les menacoit, ils s'armérent et firent armer les bourgeois et allérent trouver ces voleurs qui estoient ches ledit sieur de Loisy et la on en tua dix ou douze, quatre ou six prisonniers, et le reste se retira. L'on fit garde toute la nuit et des corps de garde et barricades par toutes les rues, et eux se rendirent sur la muraille pour faire monter par des echelles ceux des faubourgs.

Le lendemain matin M. le marquis de Mirebeau arriva qui alla au Palais et y mena ledit sieur Premier President qui s'estoit retiré avec sa femme et son fils, et lors on prit la resolution d'aller attaquer les vignerons. Mais on les trouva barricadés dans les rues et menacant la nuit de

tout bruler, et l'on faisoit courir le bruit par la
Ville que tous les vignerons des villages venoient
à leur secours. Les Bourgeois allèrent inviter
les particuliers du Parlement et M. de Mirebeau
pour rendre les prisonniers, sinon qu'ils ne re-
pondoient de rien.

A quoi ils ne trouverent guere de resistance,
car ils avoient peur qu'ils ne decouvrissent ceux
qui leur avoient conseillé cette action, et furent
rendus.

Vous voyez comme cette partie a este jouée,
que personne n'a voulu armer contre eux que
lorsque on a eu peur pour soy.

Pour les exciter et intimider le peuple l'on
disoit que tout le pays en faisoit autant par
toutes les villes, qu'a Beaune l'on nous avoit tous
massacré pour les inciter d'en faire autant a
Dijon comme le croyions tous si la feste eut
duré ; meme le sieur Bretagne disoit lorsqu'ils
passérent devant son logis qu'il estoit leur serviteur, ne leur avoit jamais mal fait, que s'ils
vouloient entrer en son logis, ils y estoient tous
bien venus ; que c'estoient Messieurs des comptes
qui estoient cause des Elections, qu'il ne falloit
attaquer que les coupables.

Il y avoit quinze jours que l'on m'avoit donné avis du Parlement, que le President Brulard avoit dit qu'il me falloit attaquer lors de la sedition. La veille qu'elle arrivat le President Robelin dit dans le Palais que c'estoit une honte de me voir dans Dijon, que j'etois du parti de l'Election et qu'il me falloit faire assommer. Et neantmoins leurs mauvais conseils et rage n'ont rien operé sur moi par la grace de Dieu. Ceux du Parlement pour faire les bons valets envoyérent le Conseiller de la Serréc au Roy pour l'avertir de ce qui s'estoit passé au logis de M. le President Le Grand, et par apres que tout a esté fait ils ont envoyé le Conseiller Fiot de Vaugimois porter les proces verbaux et comme ils avoient averti le Maire d'armer, qui ne l'avoit fait.

Pour moy, si tost que tout fut fait a la derniere emotion, je passai a travers la Ville avec ma femme et l'un de mes enfans saluant tous ceux que je rencontrois et gagnai le chateau ou je couchai avec ma femme et tous mes enfans. Et le lendemain j'en partis pour venir a Beneuvre ou je suis a present crainte que la rage de mes ennemis ne me fit faire quelque mal pendant l'emeute. Je ne scais si M. le President Le

Grand est a Paris. Je ne lui ose ecrire ce piteux accident. Il a grandement perdu, de plus de quarante a cinquante mille livres de degast. Je ne scais si Dieu laissera impuni un si mechant acte. Au milieu d'une ville souffrir cent coquins au plus sans armes a feu bruler sept maisons au conspect de vingt mille hommes qui les en pouvoient empescher s'ils eussent voulu, mais au contraire rioient et applaudissoient, et qui ne l'eussent entrepris s'ils n'eussent ete assurés de support et promesse d'etre assistés, comme il se voit clairement en la restitution des prisonniers crainte qu'ils n'eussent declarés ceux qui leur avoient donné conseil, comme ils disoient tout haut, qu'ils estoient bien avoués et d'aussi gros Monsieurs que ceux qu'ils bruloient. La punition doit servir d'exemple a tout le reste de la Province qui en feroit autant, et toute la Ville est coupable sans se pouvoir excuser. Il n'y a si petit village ou l'on n'eut empesché cela, mais ils le vouloient et l'avoient ainsi premedité. Et de tout ce qu'on vouloit qu'ils fissent l'on faisoit courir le bruit qu'ils le vouloient faire. Ils crioient tout haut, *a l'Empereur, vive l'Empereur*, et bruloient le portrait du Roy par les rues. Tous les bourgeois et autres disoient qu'ils faisoient bien. Je finis ce meschant discours et suis votre très humble serviteur.

FLEUTELOT.

A Beneuvre ce 7 mars 1630.

JOURNAL

D'UN BOURGEOIS DE DIJON DES CHOSES LES PLUS REMAR-
QUABLES ARRIVÉES EN LADITE VILLE OU EN BOURGO-
GNE DEPUIS LE DERNIER FEVRIER 1630 JUSQU'A LA
FIN D'AOUST 1639.

LE dernier fevrier 1630 les vignerons commencérent a six heures du matin a sonner le tocsin a St Michel et a saccager la maison de M. Gagne et continue-rent jusqu'a midi les sept maisons. Sur une heure ou environ on prit les armes, couteaux, et ils furent rencontrés derriere le grand jardin St Estienne ou sept ou huit hommes furent tués. Quelqu'uns encore en la place St Michel, et d'autres encore devant ches M. le Premier Pre-sident de la Berchere pere.

Le lendemain vendredi 1er mars, il y eut encore une grande emeute l'apres disné sur environ les trois heures au sujet de Gilain charpentier pris par le commandement de Messeigneurs lequel se sauva des mains du Procureur Chevalier et Tissot, et assonier. Ce qu'ayant fait quelques vignerons s'assemblérent et ruoient des coups de pierre. A l'instant de quoy un grand bruit se fit. Plus de quinze cents ou deux mille hommes furent en armes en moins de demie heure, et se trouverent en la rue Chanoine ou en presence de M. de Mirebeau trois ou quatre desdits vignerons furent mis par terre et la plupart desarmés en leurs maisons.

Le vendredi saint 29 dudit mois de mars M. le marquis de Mirebeau sur les sept ou huit heures du soir tomba malade d'une apoplexie qui l'emporta le dimanche suivant sur les sept heures du matin.

Le 16 avril 1630 un cheval appartenant à Maître Jean Biron mareschal de cette Ville fut etouffé sous les ruines d'un faîte de toit qui tomba sur lui et tiré a la voirie ou il fut sitost ecorché qu'en meme tems les pauvres gens de la Ville l'allérent mettre en pieces pour en manger.

Ce qui a este fort ordinaire depuis et pendant l'année 1631 tant la famine estoit grande.

Le 28 janvier 1629 le Roy arriva a Dijon et le lendemain fit son entrée en ladite Ville. Le 26 avril 1630 il y entra pour une seconde fois avec la Reine mere et la Reine regnante et le 29 dudit mois environ deux cents habitans du nombre desquels j'etois allerent au Logis du Roy avec le Maire, Echevins, Capitaines et Prud'-hommes pour demander pardon a S. M. de l'emotion arrivée en cette ville au mois de fevrier dernier par les vignerons dudit lieu, pour lesquels M. l'avocat Fevret l'aisné qui porta la parole demanda mercy en termes fort eloquens. A quoy le Roy fit reponse qu'il en avoit deliberé et que l'on apprendroit sa resolution par la bouche de M. le Garde des sceaux lequel prononca ensuitte l'arrest de condamnation contre la Ville, tous les habitans estans a deux genoux et le Roy assisté de M. d'Effiat.

Le lendemain qui estoit lundi Messieurs du Parlement firent publier l'Edit de la reunion de la Cour des Aydes a eux et ensuitte on publia l'Edit des Elections qui fut a l'instant verifié.

Le meme jour encore S. M. partit et alla a

St Jean de Losne. Le meme jour encore la Reine regnante entra aux Chartreux et toutes les femmes aussi et le dernier jour dudit mois la Reine sortit de la Ville.

Le 22 mars 1631 Monsieur frere du Roy arriva a Bellegarde d'ou quatre ou cinq jours apres il entra au Comté avec M. le duc de Bellegarde notre Gouverneur.

Le 26 dudit mois le Roy entra pour la troisieme fois a Dijon et tous les habitans allérent au devant de lui en armes au nombre desquels j'etois. Le Roy sortit de Dijon le 2 avril suivant.

Monsieur a passé le 18 juin 1632 devant Dijon venant d'Issurtille ou il avoit fait alte deux jours avec son camp.

Le lendemain le faubourg St Nicolas fut brulé sur les sept heures du soir et les canons de la Ville tirérent des cette heure la sur les gens de Monsieur qui parurent.

Le dimanche Monsieur delogea et fut coucher a Gilly et ensuitte a Demigny.

Le jeudi dernier septembre 1632 M. le Prince fit son entrée a Dijon en qualité de Gouverneur. Le matin dudit jour il receut tous les Ordres de la Ville aux Chartreux d'ou il sortit sur environ une heure apres midy, visita deux bataillons d'infanterie des habitans de cette Ville qui estoient aux pieds desdits Chartreux et de la passa par la porte d'Ousche, de la en la place St Jean, Bas du Bourg, Magdeleine, Jesuites, Grande rue St Estienne, place Ste Chapelle, entra en ladite eglise ou on lui chanta un *Tedeum*. Quoy fait, en ressortit et entra au Logis du Roy. Toutes les rues etoient tapissées et y avoit quatre beaux portiques, un sur le pont Arnaud, le second en la place St Jean, le troisieme devant la Magdeleine et le quatrieme devant ches mon beaufrere rue St Estienne.

Le dimanche 31 janvier 1636 ma bellemere Carrelet est decedée.

En octobre 1636 l'armée imperiale conduitte par Galas, le duc Charles, le duc de Florence et autres generaux, entra en Bourgogne, prit Mirebeau et le chateau dudit lieu par composition. Vint de la se camper a Rouvre, Janlis, Varanges et autres lieux circonvoisins. Puis tira a St Jean de Losne ou ayant posé le siege tira en un seul jour de dimanche cent soixante et une volées de canons et soixante bombes, autrement grenades, fait breche de plus de vingt toises et livra trois assauts tant a ladite breche qu'a une demie lune devant la porte Isaie. Elle fut repoussée par les habitans, garnison et secours jetté dans ladite ville avec perte de plus de mille hommes. De la ladite armée reprit les premiers postes de Janlis, Varanges, Tard et autres lieux, brula tout le voisinage, exerça tous actes d'hostilité possibles, menaça Dijon de siege, courut le pays jusqu'a Nuis, puis suivie de notre armée conduitte par le Cardinal de la Valette, Duc de Weimard, Comte de Rantzau, Vaubecourt et autres Seigneurs, se retira environ le 15 novembre 1636.

En may 1636 le 24 le siege fut mis devant Dole par les notres et levé en aoust suivant.

En ce meme mois de novembre 1636 la peste continua fort dans Dijon et eut tant de pauvres gens malades de ceux qui s'y estoient retirés a cause de l'ennemi que tous les jours on trouvoit des morts sur le pavé qu'on emmenoit enterrer dans L'isle avec les pestiferés, meme le Parlement cessa toutes les audiances qui furent remises jusqu'a janvier suivant par consideration de la maladie.

Le 24 du meme mois l'on chanta de grandes messes solennelles par toutes les eglises de la Ville en actions de graces de ce que l'ennemi s'estoit retiré du pays et sorti de la Province.

Le 26 on chanta un *Tedeum* a la Ste Chapelle pour le meme sujet ensuitte des lettres du Roy.

Le meme jour arrivérent nouvelles a Dijon que Monsieur frere du Roy, M. le Comte de Soissons et autres Seigneurs de la cour s'estoient retirés.

Le 2 avril 1637 tous Messieurs les Presidents et Conseillers du Parlement de Dijon sortirent du Palais sur les huit heures du matin et le laissérent vuide a M. le Prince qui siegea lui tout seul du coté de Messieurs les Presidens en la place ou se met le second, et M. Machaut, Maistre des requestes, de l'autre coté, puis fit lire jusqu'a treize ou quatorze Edits apres la lecture desquels ayant fait lever les gens du Roy, M. de Xaintonge conclut et dit que cette nouveauté qui n'avoit ete veüe depuis plus de douze cent ans que la France subsistoit, l'etonnoit, et que l'absence de Messieurs les Presidens et Conseillers lui fermoit la bouche et l'obligeoit a requerir qu'il plut a M. le Prince leur donner du temps pour faire au Roy leurs tres humbles remontrances sur l'importance et consequences des Edits qui avoient ete leus. A quoi M. le Prince repliqua que le Roy leur faisoit un absolu commandement par sa bouche de consentir l'enregistrement de ces Edits. Alors ledit sieur de Xaintonge dit que puisqu'il lui reiteroit ce commandement de la part du Roy, qu'il ne pouvoit empescher l'enregistrement de ces Edits. Sur quoy M. le Prince ayant dit qu'il falloit user de ce mot, *consentir*, alors ledit sieur avocat general dit qu'il le consentoit.

Puis M. le Prince fit faire lecture des lettres d'interdiction generale de tout le Parlement, lesquelles il fit encore publier en la grande salle du Palais et commanda a Quignebeuf, huissier au Conseil, de l'aller signifier a M. le Premier President, aux syndics du Parlement et aux gens du Roy. Quoy fait, se retira.

Le 14 may suivant, vingt quatre de Messieurs du Parlement ayant le moins faillis furent retablis et envoyés a Semeur pour y exercer la justice, la ou ils la rendirent jusqu'au 15 aoust suivant, et la encore dix autres retablis avec eux et retournerent a Dijon exercer le Parlement le 10 septembre suivant. Puis incontinent furent tous retablis en leurs charges a la reserve de trois seulement qui estoient Messieurs de Chasans, Le Belin et Millotet, avocat general.

Le mercredi dernier jour du mois d'aoust 1639 le Roy est entré a Dijon pour la quatrieme fois par la porte St Nicolas et en est sorti le samedi suivant pour tirer a Nuys.

M. Evrard, avocat au Parlement et Maire de Dijon, d'ailleurs fort bon homme, fut pendu deux heures durant au Conseil du Roy pour n'avoir pas ete asses prompt a reprimer la sedition de quelques vignerons arrivée le 28 fevrier 1630 au sujet des Elections qu'on vouloit etablir dans la Province, et eut ete pendu infailliblement si on eut pu le detacher du procureur Deschamps lequel estant lors Syndic de la Ville fut tiré de ce mauvais pas par le credit de M. le Duc de Bellegarde, Gouverneur de Bourgogne, duquel il estoit procureur. Mais comme l'on ne pouvoit faire le proces a l'un sans qu'on le fit a l'autre, tous deux en echappérent. Il faut etre bien fou pour s'engager a repondre de la folie de tant de tetes qui n'ont point de raison.

Lors de cette sedition qu'on appella *Lanturelu* le Marquis de Mirebeau qui estoit lieutenant du Roy dans la Province y accourut, et ayant promis aux seditieux de faire revoquer l'etablissement des Elections en Bourgogne, il en fut fort blamé par le Roy qui trouva fort mauvais qu'il eut fait cette foiblesse qui diminuoit tout a fait l'autorité royalle.

SUPLEMENT

Le mardy 26 mars 1631 en l'audience de misericorde tenue au Palais en la salle de l'audience de M. Desbarres, President, Anatoire Changenet dit le Roy Machart, vigneron de cette Ville de Dijon, fut appelé et crié devant la grande porte dudit Palais par Gaudry, huissier, et sur son rapport donné defaut contre ledit Changenet, le profit duquel seroit donné par ecrit, M. Picardet, procureur general, le requérant.

Ce Roy Machart estoit le chef et conducteur des vignerons et pauvres artisans de cette Ville qui assemblés le 28 fevrier 1630 au son du tocsin firent cette grande et furieuse sedition en cette Ville de Dijon par l'effort, violences et degats faits es maisons des sieurs Tresorier Gagne, Le Grand, President en la Chambre des comptes, Joly, Greffier au Parlement, Le Goux, sieur de la Berchere, Premier President au Parlement, et Villemereux, Auditeur en la Chambre des comptes, tous suspects d'etre auteurs et partisans de l'Election et Aydes que le Roy vouloit etablir en ce pays et duché de Bourgogne, contre les droits et privileges dudit pays, laquelle emotion continuée et fut etc par ces brutaux et inconsiderées personnes exercée bien plus amplement au dommage de la Ville sans l'aide de Dieu qui encouragea une partie des bons et aisés habitans de ladite Ville de courir sus ces miserables et avec armes a deux heures de relevée, les repoussérent et rechassérent en leurs maisons, ce que faisant a la premiere rencontre et resistance qui se fit sept ou huit de ces vignerons sans armes furent tués sur la place, d'autres blessés mortellement. Un d'eux nommé Gaudinet, quoique percé au travers du corps de deux coups de mousquet et dont par les playes le sang lui sortoit a bouillons du corps, ainsi qu'il respiroit l'estomach ouvert, ne laissa avec des pierres a la main tenir ferme contre les habitans armés et d'en blesser quelqu'uns, et ne recula jamais et ne quitta sa place que par la mort. Il estoit tenu pour un bon et courageux soldat et qui avoit servi aux armées le defunt dernier Duc de Mayenne.

Fut remarqué que ces inconsiderés estans entrés es maisons susdites des sieurs Gagne, Le Grand et de Loysie, y ayant trouvé le portrait du feu Roy Henry IV attaché aux tapisseries, ils le detachérent, l'emportérent au milieu de la rue et l'elevant crioient hautement : « Voila le bon « pere Grand, voila le bon Roy, notre bon Roy ; « voila le pere du pauvre peuple, vive ce bon Roy « la, qu'on le sauve et que l'on garde bien de lui « faire mal ni de le gater et endommager, qu'un « chacun le baise, qu'on le porte vers le Crucifix.» Par effect aucuns de ces pauvres vignerons la teste decouverte porterent le portrait es eglises de St Michel et de St Nicolas, le presentant a baiser a tous ceux qu'ils trouvérent par les rues, ce que plusieurs firent les larmes aux yeux, se ressouvenant de la perte indicible que la France et la chre-

tienté ont faite et receu par la mort deplorabl
et funeste de ce grand Prince qui apres Dieu eto
vrayment le bonheur du monde, le miracle de
merveilles d'icelui, et les vrayes delices de so
peuple et le plus grand et le meilleur Roy qu
les siecles passés ayent veu ni qui soit ete ni qu
sera a l'avenir.

Dijon, Imp. Darantiere, rue Chabot-Charny, 65.

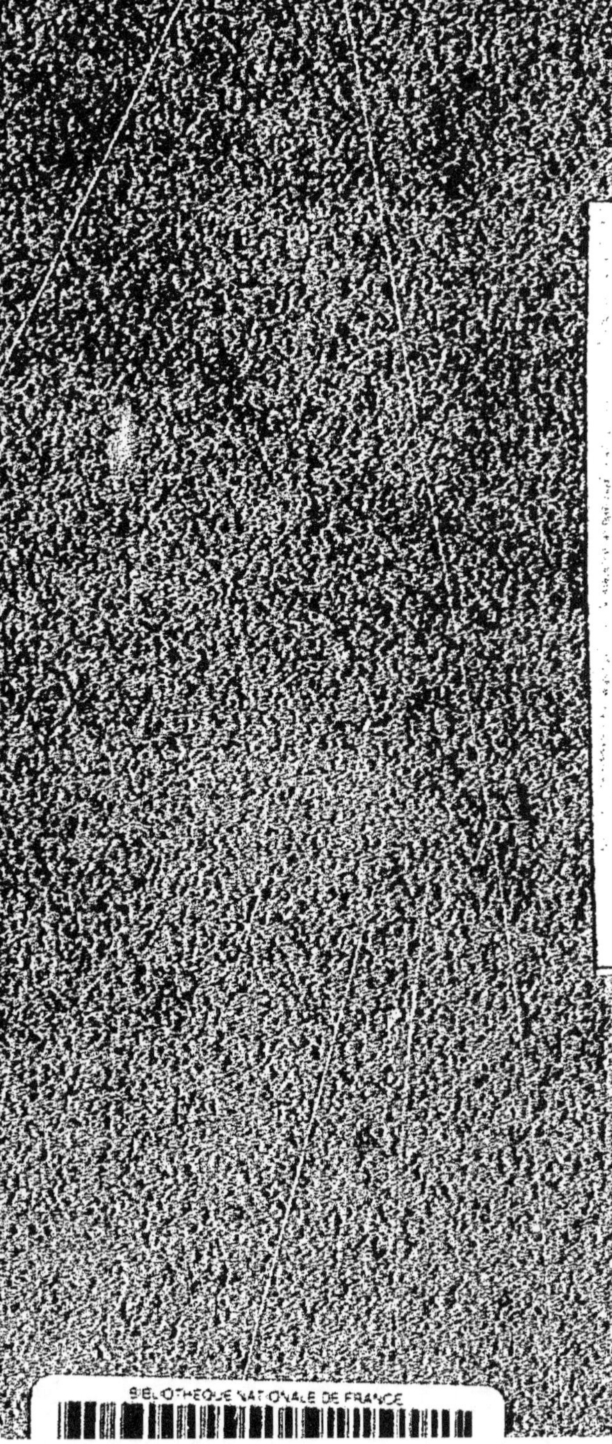